La fille en robe de liberté

Christian Taylor

et

P.S. Wells

Édition spéciale

Normandy Project

Publié par Normandy Project

www.normandystories.com

Dédicace

À Dany,
Celle qui fut la fille en robe de liberté.

À sa famille,
Jean-Marie, Flo et Alyssia.

Aux habitants chaleureux de Sainte Marie du Mont.

Et à Hunter,
qui nous a permis de nous rencontrer.

Le jour où je suis née, la France était libre.
Ma mère m'a donnée le nom de Danielle
et m'a habillée d'une nouvelle robe à l'étoffe
douce qu'elle avait cousue.

Mon père m'a soulevée devant la fenêtre ouverte,
et les premiers sons que j'ai entendus ont été ceux
des voisins dans notre village de Sainte Marie du Mont.
J'ai respiré l'air salé de la mer toute proche.

Peu après, les soldats allemands ont envahi mon pays.
Nos rues pavées se sont remplies du claquement
sec de leurs bottes à semelle cloutées.
Ils surveillaient la plage et utilisaient la flèche
de l'église comme tour d'observation.

La nourriture nous manquait.
Ma mère Cécile ne pouvait pas se procurer de tissu
pour coudre des vêtements pour notre famille.
Ma famille et nos voisins n'étaient plus libres
de leurs mouvements.

Mon père, Paul s'en est allé loin vers l'Angleterre
pour se battre et libérer la France.
Pendant son absence, ma mère se rendait à la
villes voisine où elle vendait des objets pour nous
acheter de la nourriture.
Un soldat allemand très gentil qui s'appelait
Grand-père Paul, nous gardait, moi et mon frère
aîné quand ma mère s'absentait. Grand-père Paul
savait que les Français n'avaient que très peu de
nourriture et pas de sucre. Comme friandise,
il me donnait un petit verre d'eau sucrée.

Mon papa est revenu à la maison.
Pendant quatre ans, alors que je grandissais,
ma famille attendait d'être à nouveau libre.
Les habitants de Sainte Marie du Mont
aspiraient à retrouver la liberté.

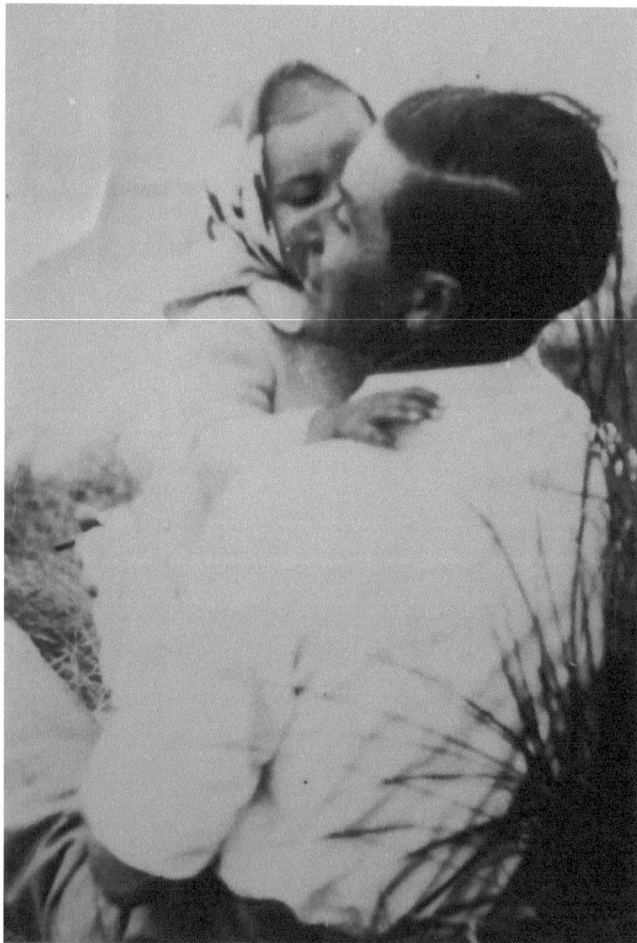

Au cours des heures précédant l'aube du 6 juin 1944,
j'ai été réveillée par des bourdonnements comme
des abeilles. Le fracas des avions arrivant de la Manche,
faisait trembler la flèche de l'église et vibrer la
devanture de la boucherie de Monsieur Blaziot.
Les fumées des moteurs d'avion m'ont piqué les
narines. J'ai vu le ciel se remplir de parachutes verts,
rouges et blancs.

Les yeux de maman brillaient d'excitation alors qu'elle se dépêchait pour me faire enfiler mes vêtements usés. Rassemblée devant la fenêtre, ma famille a vu les parachutistes surgir à travers la nuit et les coups de feu tirés en crépitant de la flèche de l'église.

« Est-ce que c'est possible ? » Maman a regardé papa avec espoir.

J'ai pris la main de maman. « Qu'est-ce qui se passe ? »

« *Les Américains, les Anglais* ».

Mon père m'a serrée l'épaule. « *C'est le grand jour* ».

« Les Américains, les Anglais », a répété maman.

« Ils sont venus », a dit mon frère Francis, pour donner le coup final ».

Papa est sorti dans la rue. Je crois que nos voisins
se sont montrés un par un jusqu'à ce que tous
les habitants de Sainte Marie du Mont soient
sortis de leurs maisons dans la nuit.
J'ai serré la main de maman.
« C'est dangereux de sortir ? »
Maman a fait non de la tête. « C'est notre droit.
Nous leur rappelons de ne pas détruire notre village ».
Mais bientôt, j'ai eu sommeil. De retour dans mon lit
bordé, l'édredon de ma mère remonté sous le menton,
je l'ai entendue sortir pour rejoindre papa.
Je me suis endormie malgré le crépitement des
mitraillettes et le bourdonnement des avions.

Le matin,
je me suis réveillée au son du … silence.
Pas de mitraillettes.
Pas d'avions.
Pas de claquement sec des bottes.

Au lever du soleil, mes parents, mon frère et moi
avons regardé par la fenêtre entrouverte.
Un homme est venu de la plage et a calmement
traversé la place du village.

« Ils ont débarqué ! » Papa m'a soulevée
pour que je puisse mieux voir.
J'ai serré son cou. « Qui ? »
« Les Américains ». Mon père est allé
accueillir le nouveau venu qui a
remercié d'un signe de tête.

Le grand soldat américain s'est rendu à l'église.
Il en est revenu avec les quatre soldats
allemands qui utilisaient la flèche de l'église
comme tour d'observation.

« Hier soir », a dit maman, « nous sommes allés nous coucher sous la domination de l'Allemagne et nous nous sommes réveillés Américains ». « Nous sommes libres ». Papa et maman ont dansé en cercle avec mon frère et moi.

Les soldats américains sont venus de la plage.
Le visage fatigué, les hommes se sont dirigés
vers la fontaine sur la place de notre village et
ils ont bu avidement l'eau claire et fraîche.

Encore plus de soldats sont arrivés à pied de
Utah Beach.
Ils sont passés tout près de ma maison
qui se trouvait juste à la jonction
du village et de la plage.

Avec mes parents et mon frère,
nous nous sommes mis au bord de la rue
pour accueillir les soldats américains
qui s'étaient battus avec tant de courage.

Je n'avais jamais vu d'Américains.
Peut-être que les Américains
n'avaient jamais vu de Français.

Les soldats américains souriaient,
Je les ai salués de la main.
Les hommes qui passaient fouillaient
dans les sacs qu'ils portaient et me
donnaient du chewing-gum,
du chocolat et des bonbons.

Le jour de la libération de mon village a été
la première fois que j'ai goûté du chocolat
et des bonbons. Ils étaient petits et ronds avec
un trou au milieu, ceux que je préférais étaient
à l'orange, au citron et à la cerise.
C'était des bonbons Lifesavers
et ils étaient tous délicieux.

J'en remplissais mon tablier et puis je me
précipitais à l'intérieur, je jetais les friandises
sur l'édredon de mon lit,
et puis je retournais en vitesse dehors pour
voir le premier tank passer en grondant devant
notre maison et à travers Sainte Marie du Mont.

Au cours des jours suivants, les soldats
américains ont continué de traverser notre village.
D'autres ont construit un port provisoire à
Utah Beach pour assurer le ravitaillement des
soldats qui combattaient pour libérer d'autres villes.

Les Français reconnaissants
de Sainte Marie du Mont
invitaient les soldats américains
chez eux pour partager leur repas.
Ils ont fini par faire partie
de nos familles.

Les trois soldats qui rendaient souvent visite
à notre famille s'appelaient « Tall Larry »,
« Big Smitty » et Harry Kropnicki.
Eleanor, la femme de Harry, était une journaliste
américaine qui a écrit sur la nouvelle fille dans
la vie de son mari. La nouvelle amie de Harry
c'était moi, et j'avais cinq ans.

"Danny" Patrix on her fourth birthday.

Eleanor Kropnicki was a bit concern-
ed of late when she received letters from
her husband in Normandy telling her
there was another girl in his life. She
wailed with an "I knew it would hap-
pen!" until Harry sent a picture of the
petite infant . . . Miss Danielle Patrix,
age five. Needless to say, Mrs. K. is
very much relieved.

Les Américains ont partagé avec nous
des ananas en conserve.
Ils ont donné leurs parachutes déchirés
à ma mère.
Les parachutes rouges avaient servi à apporter
des armes, et c'est avec les parachutes blancs
que les hommes sont venus.

Ma mère a utilisé les mètres et les mètres
de soie pour coudre des chemises et des tabliers.
Grâce aux parachutes rouges et blancs,
elle a créé une robe pour moi qui ressemblait
à un drapeau américain.

En novembre 1944, le port a été fermé.
Nos amis américains nous ont laissé des
cadeaux - une veste kaki de l'armée et le drapeau
de la liberté qui flottait sur Utah Beach.
Les Américains ont fini par retourner chez eux
dans leurs familles aux États-Unis. Mais ma famille
et moi nous ne les avons jamais oubliés ainsi
que la liberté qu'ils ont gagnée pour nous.

Au printemps de 1945, les habitants de
Sainte Marie du Mont ont célébré notre liberté
par une cérémonie du débarquement sur Utah Beach.
J'ai porté ma robe faite à partir de parachutes et qui
avait les couleurs du drapeau américain.
Dans ma nouvelle robe,
j'étais « La fille en robe de liberté ».

Florence Boucherie

Épilogue

Dany a porté sa robe drapeau et a participé aux cérémonies
annuelles de commémoration du débarquement.
Lorsque la première robe drapeau devint
trop petite, sa mère lui en a cousu une nouvelle.

Au cours des années, Dany a célébré la libération de
Sainte Marie du Montavec des hommes célèbres et des héros
de la guerre notamment le Général Omar Bradley,
le Général Lawton Collins, le Général Charles de Gaulle,
le Colonel James Gavin, le Colonel Robert Sink, John Steele,
et le Général Maxwell Taylor.

Le 6 juin 2015, le Spécialiste Hunter Taylor du 506e
Régiment d'infanterie de la 101e Division aéroportée des États
-Unis a participé à la célébration du débarquement à
Sainte Marie du Mont. Le Spécialiste Taylor et sa famille sont
devenus amis avec Dany Patrix et sa famille.

La robe de Dany, cousue par sa mère à partir des parachutes
rouges et blancs pour ressembler à un drapeau américain, est
exposée au musée à Sainte Marie du Mont.

Une plaque sur la mairie dans la ville française de
Sainte Marie du Mont rend honneur aux soldats courageux et
audacieux de la 101e Aéroportée américaine qui ont pris tous
les risques pour apporter la liberté.

TO PAY TRIBUTE TO THE SOLDIERS OF
THE 101ST AMERICAN AIRBORNE DIVISION
WHO LIBERATED OUR VILLAGE
AT DAWN ON JUNE 6TH 1944

EN HOMMAGE AUX SOLDATS DE
LA 101EME DIVISION AEROPORTEE AMERICAINE
QUI ONT LIBERE NOTRE VILLAGE
A L'AUBE DU 6 JUIN 1944

CR - FONDEUR A VILLEDIEU 2002

Quelques détails sur La fille en robe de liberté

Paul Patrix (5 décembre 1906 – 1970) : Père de Dany, mari de Cécile, propriétaire du Bar du 6 juin

Cécile Patrix (26 mai 1912 – 1995) : Mère de Dany, épouse de Paul. Elle dirigeait une pension de famille

Danielle «Dany» Patrix (26 mai 1939) : La fille en robe de liberté

Grand-père Paul : Le soldat allemand plus âgé qui ne voulait pas se battre pour Hitler. Voisin de la famille Patrix, il gardait Dany et lui donnait de l'eau sucrée.

Soldats américains : Les parachutistes et les soldats américains ont donné du chocolat, des bonbons et du chewing-gum à Dany alors qu'ils arrivaient de Utah Beach et passaient devant sa porte. Ces hommes courageux ont fait découvrir à Dany les ananas au sirop, les bonbons Lifesavers et lui ont offert une veste de parachutiste. Les soldats ont donné leurs parachutes en soie à Cécile pour qu'elle puisse coudre des vêtements pour sa famille.

Larry Erolfin : « Tall Larry » était un soldat américain et un ami de la famille Patrix. Dany s'endormait souvent dans les bras de Larry, ce qui lui a valu le surnom, Dany's Nanny (la Nounou de Dany).

Harry Kropnicki : Harry, un soldat américain, a écrit à sa femme qu'il y avait une autre fille dans sa vie. Il a envoyé une photo de Dany pour s'en expliquer.

Chronologie

16 mars 1935 - Adolf Hitler, chancelier de l'Allemagne, annonce que l'Allemagne a rompu le Traité de Versailles et constitué une vaste armée dans l'objectif de conquérir d'autres nations.

26 mai 1939 - Naissance de Dany.

3 septembre 1939 - En réaction à l'invasion de la Pologne par l'Allemagne, la Grande-Bretagne et la France ont déclaré la guerre à l'Allemagne.

18 juin 1940 - Le Général Charles de Gaulle appelle les Français à résister face à l'invasion allemande. Le père de Dany, Paul, s'est rendu en Angleterre pour rejoindre le mouvement de la France Libre, et a laissé Cécile, Francis et Dany à Sainte Marie du Mont.

22 juin 1940 – La France a capitulé face à l'Allemagne. Les soldats allemands ont pris possession de Sainte Marie du Mont et ont installé leur quartier général dans l'église. Ils vivaient dans des logements autour de la place du village à quelques portes de chez Dany.

1941 – Paul, le père de Dany est revenu chez lui.

6 juin 1944 – D-Day, le débarquement. Les Forces alliées, comprenant les soldats américains, ont débarqué en Normandie pour libérer la France de l'occupation allemande.

7 juin 1944 - Les opérations de ravitaillement, notamment la mise en place d'une base américaine à Utah Beach, ont commencé à Sainte Marie du Mont.

4 novembre 1944 - Fermeture du port à Utah Beach.

2 septembre 1945 - Fin de la Seconde Guerre mondiale.

6 juin 1945 - Tenue de la première Cérémonie de commémoration, célébrant la libération de Sainte Marie du Mont et de la France.

6 juin 2015 – Durant la célébration du D-Day, Dany a fait la connaissance d'un autre soldat de la 101e Division aéroportée du 506e Régiment d'infanterie des États-Unis. Le Spécialiste Hunter Taylor et sa famille sont devenus les amis de Dany et de ses parents.

À propos des auteurs

Christian Taylor

Durant 35 ans, la carrière de Christian Taylor dans l'industrie du spectacle a couvert la scène, l'écran et le studio d'enregistrement. Artiste, productrice, réalisatrice, directrice de casting, écrivaine et coach, Christian est co-animatrice de l'émission *Holy Post* avec Phil Vischer et Skye Jethani. Christian a débuté sa carrière par des interviews de Sénateurs à Capitol Hill avec le service de TV/Radio du Sénat, *La Conférence républicaine du Sénat.*

P.S. Wells

Passionnée d'histoire et adepte des îles tropicales, PeggySue Wells pratique le parapente, le saut en parachute, la plongée avec tuba et sous-marine, et elle a suivi (sans la valider) une formation de pilote. Exerçant son métier d'écrivain dans la forêt dite 100-Acre Wood dans l'Indiana, Wells est l'auteur à succès de vingt-neuf-livres comptant notamment.

The Slave Across the Street (L'esclave de l'autre côté de la rue),
Bonding With Your Child Through Boundaries
(Tisser des liens avec votre enfant grâce aux limites),
Slavery in the Land of the Free (L'esclave dans le pays de la liberté),
Homeless for the Holidays (Sans abri pendant les fêtes),
et Chasing Sunrise (À la poursuite du soleil levant).

www.ingramcontent.com/pod-product-compliance
Lightning Source LLC
Chambersburg PA
CBHW042018090426

42811CB00015B/1673